Alexander Rudolph

200 ÜBUNGSFRAGEN FÜR DIE MÜNDLICHE PRÜFUNG

SACHKUNDEPRÜFUNG GEM. § 34A GEWO

Impressum

Bibliografische Information der Deutschen Nationalbibliothek:
Die Deutsche Nationalbibliothek verzeichnet diese Publikation
in der Deutschen Nationalbibliografie; detaillierte
bibliografische Daten sind im Internet über http://dnb.dnb.de
abrufbar.

© 2015 - 2020 Alexander Rudolph

Herstellung und Verlag: BoD – Books on Demand,
Norderstedt

ISBN: 978-3-7519-0190-1

Inhaltsverzeichnis

I

Der Autor

Mein Name ist Alexander Rudolph und ich bin in 2000 in die private Sicherheitswirtschaft eingestiegen. Seit 2015 bin ich in der Erwachsenenbildung tätig. Zwischenzeitlich habe ich mehrere Hundert Schülerinnen und Schüler erfolgreich durch die Sachkundeprüfung begleitet.

Als Honorardozent unterstütze ich bundesweit Bildungsträger und ich bin als Schulleiter und Fachdozent tätig. Ich bin in mehreren Prüfungsausschüssen aktiv und habe zusammen mit Dennis Sültmann ein Buch über alle Themenbereiche der Sachkundeprüfung gem. § 34a GewO veröffentlicht.

Einleitung

Die Sachkundeprüfung gem. § 34a GewO wird vor den Industrie- und Handelskammern der Bundesrepublik Deutschland abgelegt. Diese unterteilt sich in einen schriftlichen und einen mündlichen Prüfungsteil. Während der schriftliche Teil in der Bewachungsverordnung (BewachV) stärker definiert ist, gibt es für den mündlichen Teil lediglich folgende Vorgaben[1]:

- Gleichzeitig bis zu 5 Prüflinge
- Pro Prüfling etwa 15 Minuten
- Themenschwerpunkte
    - Recht der öffentlichen Sicherheit und Ordnung einschließlich Gewerberecht
    - Umgang mit Menschen, insbesondere Verhalten in Gefahrensituationen, Deeskalationstechniken in Konfliktsituationen sowie interkulturelle Kompetenz unter besonderer Beachtung von Diversität und gesellschaftlicher Vielfalt

Aufgrund dessen haben die einzelnen Kammern, die Möglichkeit, den mündlichen Prüfungsteil in seiner Ausführung relativ frei zu gestalten. Dies bedeutet, je nach IHK muss man sich einem anderen Prüfungsschema stellen. Eine Anfrage bei der lokalen IHK kann da Klarheit verschaffen.

---

[1] BewachV § 11 Prüfung, Verfahren

Hauptsächlich haben sich dabei vor allem folgende Schemata etabliert:

- Einzelabfrage
- Gruppenabfrage
- Bearbeitung von Fallbeispielen
- Gruppenarbeit

In Schleswig-Holstein zum Beispiel haben sich die Kammern für die beiden erstgenannten Schemata entschieden. Derzeit sind es auch die primären Prüfungsformen in der Bundesrepublik.

In diesem vorliegenden kleinen Taschenhelfer möchten wir uns daher der Einzelabfrage bzw. der Gruppenabfrage widmen.

Zu guter Letzt noch: Die Fragen sind nicht festgelegt, aber die Themen gemäß dem Rahmenlehrplan. Es können also jederzeit durch die Prüfer/innen, neue Fragen hinzugefügt werden.

Die Fragen und Antworten sind keine Form, an welche die Kammern gebunden sind. Wer denkt, dass lediglich die vorliegende Form auswendig gelernt werden muss, wird umdenken müssen.

Nach dem Lernen der Fakten, sollte man versuchen sich auch mit differierenden Fragestellungen zu konfrontieren. Die Kunst ist die Frage des Prüfers/der Prüferin, mit dem eigenen Wissen in Zusammenhang zu bringen und zu verstehen, worauf die Frage abzielt.

„Inwendig denken ist besser als auswendig zu lernen."
(Klaus Klages)

Recht der öffentlichen Sicherheit und Ordnung

1. Was ist das Recht?

- Die Gesamtheit aller Rechtsvorschriften und Normen, die das Zusammenleben der Bürger und ihr Verhältnis zum Staat regeln.

2. In welche 2 Rechtsgebiete teilt sich das Rechtssystem und was regeln diese?

- Öffentliches Recht – Bürger gegen Staat
- Privates Recht – Bürger gegen Bürger

3. Wie ist das Verhältnis im öffentlichen Recht?

- Der Bürger ist dem Staat untergeordnet (Subordination)

4. Wie ist das Verhältnis im Privatrecht?

- Im Privatrecht sind die Parteien gleichgestellt (Grundsatz: Vor dem Gesetz sind alle Menschen gleich)

5. Kann auch der Staat im Privatrecht angeklagt werden?

- Ja, wenn er nicht staatlich handelt. (z.B. der Staat tritt als Vermieter auf)

6. Was sind die Rechtsnormen?

- Gesetze

- Verordnungen

- Satzungen

- Rechtsprechung

- Gewohnheitsrecht

7. Was bedeutet PPP?

- Public-Private-Partnership

- Zusammenarbeit zwischen öffentlichen und privaten Stellen

8. Was wären Beispiele für PPP?

- Sicherheitsdienstleister führt Gepäckkontrollen am Flughafen durch

- Sicherheitsdienstleister regelt den Verkehr im staatlichen Auftrag

9. Welche Verkehrsräume gibt es?

- Öffentlicher Verkehrsraum

- Privater Verkehrsraum

- Private Hausrechtsbereiche mit tatsächlich öffentlichem Verkehr

10. Was ist der Unterschied zwischen der Polizei und dem privaten Sicherheitsdienst?

- Polizei

    - Gewährleistung der Sicherheit und Ordnung im öffentlichen Bereich

    - ausgestattet mit hoheitlichen Befugnissen

    - wird aufgrund von Gesetzen tätig.

- Privater Sicherheitsdienst

    - Gewährleistung von Sicherheit und Ordnung im privatrechtlichen (betrieblichen) Bereich

    - ausgestattet mit Jedermannsrechten und ggf. der vertraglich übertragenen Selbsthilfe und dem vertraglich übertragenen Hausrecht

    - wird aufgrund eines Dienstvertrages tätig.

11. Aus welchen Elementen besteht der Staat?

- Staatsgebiet
- Staatsvolk
- Staatsgewalt

12. Wer gehört zum Staatsvolk?

- ALLE Menschen auf deutschem Staatsgebiet

13. Was gehört zum Staatsgebiet?

- Geographisch eingegrenztes Gebiet
- Angrenzende Küstengewässer
- Luftraum darüber
- Militärliegenschaften im Ausland
- Deutsche Botschaften im Ausland
- Schiffe unter deutscher Flagge

14. Was sind die 3 Elemente der Staatsgewalt?

- Legislative *(gesetzgebende Gewalt)*
- Exekutive *(ausführende Gewalt)*
- Judikative *(rechtsprechende Gewalt)*

15. Woran sind die Staatsgewalten gebunden?

- Die Judikative und die Exekutive sind an bestehende Gesetze gebunden
- Die Legislative ist an das Grundgesetz gebunden

16. Wozu gibt es eine Gewaltenteilung?

- Schutz vor Willkür/Missbrauch *(Schutz vor Diktatur)*
- gegenseitige Kontrolle

17. Was ist das Gewaltmonopol?

- Das Vorrecht Gewalt auszuüben

18. Wer hat das Gewaltmonopol?

- Grundsätzlich nur der Staat

19. Gibt es Ausnahmen in Bezug auf das Gewaltmonopol?

- In Ausnahmesituationen, in einem eng gestrickten rechtlichen Rahmen auch für Privatpersonen, in Form der Jedermannsrechte.

20. Was bedeutet Demokratie?

- Das Volk kann durch geheime Wahlen Einfluss auf die Politik nehmen *(Herrschaft des Volkes)*

21. Was sind die Verfassungsprinzipien der BRD?

- Rechtsstaat

- Sozialstaat

- Bundesstaat

- Republik

- Demokratie

22. Was bedeutet Recht?

- Recht ist die Gesamtheit aller Rechtsvorschriften und Normen, die das Zusammenleben der Bürger untereinander und ihr Verhältnis zum Staat regelt.

23. Was ist die Rechtsprechung?

- Das sind die Urteile der Gerichte

24. Ab wann beginnt die Rechtsfähigkeit eines Menschen?

- Mit der Vollendung der Geburt

25. Für wen gelten die Menschenrechte?

- Für **ALLE** Menschen auf deutschem Staatsgebiet

26. Für wen gelten die Bürgerrechte?

- Nur für Staatsbürger (der Bundesrepublik Deutschland)

27. Was sind die Bürgerrechte?

- Recht auf Bildung

- Recht auf soziale Sicherheit

- Recht auf freie Entfaltung der Persönlichkeit

- Wahlrecht

28. Dürfen Grundrechte eingeschränkt werden? Wenn ja, gibt es Ausnahmen?

- Ja, Grundrechte dürfen (durch Gesetze) eingeschränkt werden.

- Ausnahmen sind Art. 1 und Art. 20. Sie werden durch die Ewigkeitsklausel geschützt

29. Als was gilt das Grundgesetz?

- Als die Verfassung der BRD

30. Was ist die Drittwirkung des Grundgesetzes?

- Die Drittwirkung des Grundgesetzes setzt sich mit der Gültigkeit des Grundgesetzes zwischen den Bürgen untereinander, auseinander. Greift das Grundgesetz auch bei Bürger gegen Bürger?

31. Wo klagt man bei Verstößen gegen das Grundgesetz?

- Beim Bundesverfassungsgericht

32. Was besagt der Art. 1 GG?

- Die Würde des Menschen ist unantastbar

33. Was besagt der Art. 2 GG?

- Jeder Mensch hat das Recht auf

  - freie Entfaltung der Persönlichkeit

  - Leben

  - körperliche Unversehrtheit

  - Freiheit

34. Was besagt der Art. 3 GG?

- Alle Menschen sind vor dem Gesetz gleich

35. Was gewinnt die einzelne Person aus dem Grundgesetz unter anderem?

- Die Rechtsgüter

36. Welche Rechtsgüter gibt es?

- Leben

- Leib (Gesundheit)

- Freiheit

- Ehre

- Eigentum

- (Sonstige Rechtsgüter, z.B. Wahlrecht)

37. Nennen Sie die Ihnen bekannten Gerichtsbarkeiten!

- Amtsgericht

- Landesgericht

- Oberlandesgericht

- Bundesgerichtshof

- Bundesverfassungsgericht

38. Was ist befriedetes/eingefriedetes Besitztum?

- Wenn der Besitzer sein Besitztum in äußerlich erkennbarer Weise durch zusammenhängende Schutzvorrichtungen gegen willkürliches Betreten durch andere gesichert hat.

- Zaun – Mauer – Hecke

39. Was versteht man unter Föderalismus?

- Mehrere Mitgliedsstaaten haben sich zu einem Bundesstaat zusammengeschlossen. Nicht alle Aufgaben werden an den Bund abgegeben, einzelne Aufgaben werden selbst verwaltet

40. Was ist die horizontale Gewaltenteilung?

- Darunter versteht man die Legislative, die Judikative und die Exekutive, da sie gleichwertig sind und keine über der anderen steht.

41. Was ist die vertikale Gewaltenteilung?

- Darunter versteht man den Föderalismus. In diesem sind folgende Instanzen hierarchisch aufgebaut
  - Bund
  - (Bundes-)Länder
  - Kommunen (Städte und Gemeinden)

42. Was versteht man unter Subordination?

- Das ist das Prinzip der Unterordnung. Im öffentlichen Recht zum Beispiel ist der Bürger dem Staat untergeordnet.

Gewerberecht

43. Was besagt der § 34a GewO?

- Wer gewerbsmäßig Leben oder Eigentum fremder Personen bewachen will, bedarf der Erlaubnis der zuständigen Behörde.

44. Was versteht man unter einem Gewerbe?

- Eine auf Dauer angelegte, nach Außen gerichtete, selbstständige Tätigkeit mit Gewinnerzielungsabsicht

45. Was sind die Voraussetzungen für den Gründer eines Bewachungsunternehmens?

- Zuverlässigkeit *(keine relevanten Einträge im polizeilichen Führungszeugnis)*

- Versicherung

- Qualifikationsnachweis *(Sachkundeprüfung oder höherwertiger)*

- Eigenkapital

- Volljährigkeit *(mindestens 18 Jahre alt)*

46. Was bedeutet erlaubnispflichtiges Gewerbe?

- Man benötigt eine Erlaubnis, die es einem erlaubt, ein Unternehmen in bestimmten Branchen zu gründen.

47. Was ist die Bewachererlaubnis?

- Die Erlaubnis der zuständigen Behörde, die es einem erlaubt, ein Bewachungsunternehmen zu gründen.

48. Welche Auflagen zum Dienstausweis gibt es?

- Inhalte:

  - Firmenname

  - Name des Mitarbeiters

  - Unterschrift des Mitarbeiters

  - Unterschrift des Gewerbetreibenden oder eines Vertreters

  - Personalnummer

  - Bewachungsregisternummer der Wachperson

  - Bewachungsregisternummer des Sicherheitsunternehmens

  - Adresse der Firma

- Darf keinem offiziellen Dokumenten gleichen

- Fortlaufend nummeriert (festgehalten in einem Verzeichnis)

- Muss im Dienst immer mitgeführt werden (in Kombination mit einem Ausweisdokument)

49. Was besagt § 29 GewO hinsichtlich Auskunft und Nachschau?

- Nachschau: Der Gewerbetreibende ist der zuständigen Behörde gegenüber verpflichtet, dieser während der Geschäftszeiten, Zutritt zu seinen Geschäftsräumen zu gewähren

- Auskunft: Man muss dieser auch mündlich sowie schriftlich, unentgeltlich Auskunft erteilen

50. Wie hoch sind die Deckungssummen der für die Gründung erforderlichen Versicherung?

- Personenschäden 1.000.000€

- Sachschäden 250.000€

- Abhandenkommen bewachter Gegenstände 15.000€

- Reine Vermögensschäden 12.500€

51. Wann besteht die „Anzeigepflicht nach § 14 GewO"?

- Eröffnung eines Gewerbes (*Anmeldung*)

- Eröffnung einer Zweigstelle/Filiale

- Verlegung des Betriebes (*Umzug*)

- Änderung des Gewerbes/des Gewerbezwecks

- Schließung/Aufgabe des Betriebes (*Abmeldung*)

52. Was sind die (Mindest-) Voraussetzungen für die Tätigkeiten im Bewachungsgewerbe?

- Volljährigkeit *(Mindestens 18 Jahre alt)*

- Zuverlässigkeit *(eintragsfreies Führungszeugnis)*

- <u>mindestens</u> die 40-stündige Unterrichtung der (I)HK

53. Welche Tätigkeiten sind Sachkundepflichtig?

- Kontrollgänge im öffentlichen Verkehrsraum *(z.B. sog. „Citystreife")*

- Kontrollgänge in privaten Hausrechtsbereichen mit tatsächlich öffentlichem Verkehr *(z.B. sog. „Centerstreife" in Einkaufszentren)*

- Schutz vor Ladendiebstahl *(z.B. sog. „Kaufhausdetektiv")*

- Einlasskontrollen in sog. Gastgewerblichen Diskotheken *(z.B. sog. „Türsteher")*

- Bewachung von Erstaufnahmeeinrichtungen/Flüchtlingsheimen *in leitender Funktion (z.B. der entsprechende Objektleiter)*

- Bewachung von *zugangsgeschützten* Großveranstaltungen *in leitender Funktion (Einsatzleiter, Abschnittsleiter etc.)*

54. Was muss ein Gewerbetreibender machen, wenn er einen SMA abends um 18 Uhr auf seine erste Nachtschicht schickt?

- Es müssen vorab 2 Einweisungen auf das Objekt erfolgen

  o Eine zu der Zeit, in der der SMA eingesetzt werden soll (also 18 Uhr oder später)

  o Und eine tagsüber, da man lediglich bei Tageslicht bestimmte Sachen wahrnehmen kann, die man nachts evtl. nicht sehen kann

55. Wer ist von der Sachkunde und/oder der Unterrichtung befreit?

- Wer eine Höhere Qualifikation nachweisen kann, wie z.B.

  ▪ einen Abschluss als Fach-, oder Servicekraft für Schutz und Sicherheit,

  ▪ eine Fortbildungsprüfung zur geprüften Schutz- und Sicherheitskraft *(früher Werkschutzfachkraft)*

  ▪ eine Aufstiegsfortbildung zum Meister für Schutz und Sicherheit *(Werkschutzmeister)*

  ▪ eine Laufbahnprüfung im mittleren Polizeivollzugsdienst *(auch ehemals Bundesgrenzschutz)*, in der Justiz oder beim Zoll

  ▪ ehemalige Feldjäger *(=Militärpolizei)* der Bundeswehr *(nur Feldjäger)*

Datenschutz / DSGVO

56. Was ist der Zweck der DSGVO?

- Der Einzelne soll vor Beeinträchtigung seines Persönlichkeitsrechts, durch den Umgang mit seinen personenbezogenen Daten geschützt werden

57. Was sind personenbezogene Daten?

- Einzelangaben über sachliche oder persönliche Verhältnisse einer bestimmten oder bestimmbaren, natürlichen Person

58. Was ist eine bestimmbare Person?

- Durch einzelne Angaben kann man auf eine Person schließen (sie bestimmen)

59. Wann dürfen personenbezogene Daten erhoben werden?

- Wenn die betroffene Person schriftlich zustimmt
- Wenn ein Gesetz es vorschreibt

60. Was ist eine natürliche Person?

- Alle Menschen (gegenteil juristische Person)

61. Was ist eine juristische Person?

- Personenansammlung oder Vermögensmasse (z.B. GmbH, Aktiengesellschaft, eingetragene Genossenschaft, der Verein, die Siftung)

- Sie besitzen Rechtsfähigkeit

  ○ Sie können klagen/verklagt werden

  ○ Sie können Eigentum erwerben/veräußern

62. Was ist die Voraussetzung, um personenbezogen Daten zu erheben?

- Die Zustimmung des Betroffenen (schriftlich)
- Alternativ aus öffentlichen Verzeichnissen

63. Was ist die Datenverarbeitung?

- Löschen

- Speichern

- Verändern

- Sperren

- Übermitteln

- Anonymisieren

64. Was ist die Datennutzung?

- Jegliche Nutzung personenbezogener Daten, die nicht der Verarbeitung entspricht.

65. Was für Rechte hat man, über die von einem gespeicherten Daten?

- Im Paragraphen „Auskunftsrecht der betroffenen Person" ist dies geregelt:

  - Die Kategorien der Verarbeitung

  - Korrektur

  - Löschung

  - Sperrung

  - Auskunft über den Zweck

  - Auskunft über die Empfänger bzw. die Kategorie der Empfänger

  - Beschwerderecht

  - Herkunft der Daten, sofern es sich nicht um eine direkte Auskunft des Betroffenen handelt

  - Vollumfängliche Kopie der gespeicherten Daten

66. Was versteht man unter Zugangskontrolle?

- Verhindern, dass Datenverarbeitungssysteme von Unbefugten genutzt werden können

67. Was ist die Zutrittskontrolle?

- Unbefugten den Zutritt zu Datenverarbeitungsanlagen verwehren

68. Was ist die Verfügbarkeitskontrolle?

- Dafür zu sorgen, dass personenbezogene Daten gegen zufällige Zerstörung oder Verlust gesichert werden

69. Wovor soll ein Datensicherungsschrank schützen?

- Ein Datensicherungsschrank soll vor Feuer schützen. 120 Minuten sollen die Dokumente vor Feuer bewahrt werden

70. Wozu kann ein Verstoß gegen die DSGVO führen?

- Zu einem Schadenersatzanspruch

- Ordnungswidrigkeit (Bußgeld bis zu 50.000 €)

- Haft- bzw. Geldstrafe

BGB

71. Was versteht man unter einer unerlaubten Handlung?

- Wer vorsätzlich oder fahrlässig, das Rechtsgut eines anderen widerrechtlich verletzt und dadurch einen Schaden herbeiführt, ist demjenigen gegenüber zum Schadensersatz verpflichtet

72. Welchen Zweck hat der Schadensersatz?

- Bei Sachen
  - o Herstellung des Zustandes vor Schadenseintritt
  - o Ersatz sofern die Zustandsherstellung nicht möglich ist
- Ansonsten Schmerzensgeld zur Kompensation des körperlichen bzw. seelischen Schadens

73. Was bedeutet Vorsatz?

- Handeln mit Wissen und Wollen (mit Absicht)

74. Was bedeutet Fahrlässigkeit?

- Die Nötige Sorgfaltspflicht außer Acht lassen (Unabsichtlich)

75. Ist man nur bei Vorsatz schadenersatzpflichtig?

- Für den Schadenersatzanspruch ist es unerheblich, ob er vorsätzlich oder fahrlässig verursacht ist.

76. Ab wann ist man schadensersatzpflichtig?

- Ab dem vollendeten 7. Lebensjahr

77. Was ist Notwehr *(BGB)*?

- Notwehr ist **diejenige** Verteidigung, **welche** erforderlich ist, um einen gegenwärtigen, rechtswidrigen Angriff von sich oder einem anderen abzuwenden

78. Wovor schützt die Notwehr *(BGB)*

- Vor Schadensersatz oder Schmerzensgeld

79. Was ist der Besitzer?

- Der Besitzer hat die tatsächliche Gewalt über eine Sache

80. Was ist der Eigentümer?

- Der Eigentümer hat die rechtliche Gewalt über eine Sache

81. Was ist der Besitzdiener?

- Der Besitzdiener übt die tatsächliche Gewalt im Auftrag eines anderen aus

82. Was sind die Voraussetzungen für den Besitzdiener?

- Weisungsgebunden

- Sozial abhängig *(bekommt Geld dafür)*

- Vertraglich gebunden *(Arbeitsvertrag)*

83. Darf der Eigentümer uneingeschränkt auf sein Eigentum einwirken?

- Grundsätzlich ja, solange er dabei nicht gegen das Gesetz verstößt oder die Rechte Dritter verletzt

84. Was ist die Selbsthilfe des Besitzers?

- Der Besitzer darf sich verbotener Eigenmacht mittels Gewalt erwehren

- Besitzwehr gegen Besitzstörung

- Besitzkehr gegen Besitzentziehung

85. Was besagt die Selbsthilfe des Besitzersdieners?

- Dem Besitzdiener steht das gleiche Recht der Selbsthilfe zu, wie dem Besitzer.

86. Was ist verbotene Eigenmacht?

- Besitzstörung *(Innerhalb der Reichweite des Besitzers)*

- Besitzentziehung *(Außerhalb der Reichweite des Besitzers)*

87. Was ist die Besitzstörung und was kann man dagegen machen?

- Die Besitzstörung ist die Störung im Besitz, wogegen man sich im Rahmen der „Selbsthilfe des Besitzers bzw. Selbsthilfe des Besitzdieners" mit (angemessener) Gewalt wehren kann.

88. Wofür gibt es die „allgemeine" Selbsthilfe?

- Anspruchssicherung und Durchsetzung, einklagbarer Ansprüche, sofern obrigkeitliche Hilfe nicht rechtzeitig zu erlagen ist.

89. Welche Voraussetzungen müssen erfüllt sein, damit die „allgemeine" Selbsthilfe angewendet werden darf?

- Es muss ein einklagbarer (Rechts-) Anspruch bestehen

- Die Obrigkeit *(Polizei)* ist nicht rechtzeitig erreichbar

- Ohne sofortiges Eingreifen würde der Anspruch verloren gehen, bzw. die Durchsetzung des Anspruchs würde sonst erschwert werden

90. Welche Anwendungsmöglichkeiten hat man, wenn die Voraussetzungen erfüllt wurden?

- Festnahmerecht *(um den Anspruch zu sichern)*

- Die Wegnahme, Beschädigung oder Zerstörung einer Sache *(wenn erforderlich)* um weitere Schäden abzuwenden

91. Was ist der Unterschied zwischen dem Aggressiv Notstand und dem Defensiv Notstand?

- Beim Defensiv Notstand wendet man die drohende Gefahr mit eigenen Mitteln ab

- Beim Aggressiv Notstand wendet man die drohende Gefahr mit fremden Mitteln ab

92. Kann der Aggressiv Notstand alleine stehen?

- Nein, denn er setzt die Grundsituation des Defensivnotsandes voraus. Es kann also sowohl den Defensivnotstand, als auch den Defensivnotstand mit dem Aggressivnotstand geben.

93. Was ist die sog. „Garantenstellung"?

- Es bedeutet, dass man rechtlich für etwas oder jemanden einzustehen hat, also für diese, bzw. diesen verantwortlich ist

94. Wie kann die Garantenstellung erlangt werden?

- Durch einen Vertrag,
- durch ein Gesetz oder
- durch vorausgegangenes Tun

95. Was sind „Sachen" im Sinne des Gesetzes?

- Sachen sind körperliche Gegenstände, unabhängig vom Aggregatzustand

96. Sind Tiere „Sachen" im Sinne des Gesetzes?

- Tiere sind keine Sachen!
- Es gelten allerdings die Gesetze für Sachen, sofern es nicht spezielle Gesetze gibt, um sie zu schützen.

97. Was besagt das Schikaneverbot?

- Die Ausübung eines Rechts ist unzulässig, wenn sie nur dazu dient, einem anderen Schaden zuzufügen

98. Was ist das Hausrecht?

- Das Hausrecht ist die Entscheidungsgewalt darüber, ob und wer sich im Hausrechtsbereich aufhalten darf oder nicht.

StGB

99. Was ist die Definition einer Straftat?

- Eine tatbestandsmäßige, rechtswidrige und schuldhafte Handlung

100. Was sind Tatbestandsmerkmale?

- Die Bestandteile einer Tat, die erfüllt sein müssen, damit die Straftat erfüllt ist.

101. Wie unterscheidet man die Tatbestandsmerkmale?

- In objektive (Beweise)
- Und in subjektive (Motiv, Indizien)

102. Was versteht man unter Rechtswidrigkeit?

- Keine Berechtigung zu haben eine Tat zu begehen
- Kein Rechtfertigungsgrund liegt vor

103. Was versteht man unter Schuldhaftigkeit?

- Das Unrecht der eigenen Tat erkennen zu können
- Dadurch ist die Tat vorwerfbar

104. Was ist der Unterschied zwischen einem Delikt und einer Straftat?

- Delikte sind Rechtsverstöße
- Im StGB werden diese als Straftaten bezeichnet

105. Wie unterscheidet man die Delikte?

- Begehungsdelikte (etwas was ich tue)
- Unterlassungsdelikte (was ist nicht tue, obwohl ich es müsste)

106. Was ist ein Antragsdelikt?

- Straftaten, die nur auf Antrag des Geschädigten strafrechtlich verfolgt werden

107. Was ist ein Offizialdelikt?

- Straftaten, die von Amts wegen strafrechtlich verfolgt werden
- aufgrund von öffentlichem Interesse

108. Was ist die Voraussetzung für die Strafverfolgung eines Offizialdeliktes?

- Die Staatsanwaltschaft muss Kenntnis darüber erlangen.

109. Was ist ein echtes Unterlassungsdelikt?

- Hier ist jeder verpflichtet zu handeln (oder etwas zu unterlassen)

110. Was ist die Notwehr *(StGB)*?

- Notwehr ist **die** Verteidigung, **die** erforderlich ist, um einen gegenwärtigen, rechtswidrigen Angriff von sich oder einem anderen abzuwenden

111. Wovor schützt die Notwehr *(StGB)*?

- Vor Haft- oder Geldstrafe

112. Was ist das Eisbergmodell?

- 20% Tat
- 80% Motiv

Oder

- 20% Umsetzung
- 80% Planung

113. Welches Jedermannsrecht ist in der Strafprozessordnung zu finden?

- Unter § 127 StPO findet man die Vorläufige Festnahme

114. Unter welchen Voraussetzungen darf man jemanden nach § 127 StPO Vorläufige Festnahme vorläufig festnehmen?

- Täter auf frischer Tat betroffen ODER

- verfolgt UND

- die Identität *(Personalien)* nicht sofort feststellbar, ODER

- der Flucht verdächtigt

115. Ist die vorläufige Festnahme zulässig, wenn hoheitliche Kräfte vor Ort sind?

- Nein, da hoheitliche Kräfte eingreifen können, ist es nicht erforderlich und zulässig, dass ein Bürger dieses Jedermannsrecht benutzt.

116. Was ist er Unterschied zwischen einem Vergehen und einem Verbrechen?

- Vergehen: Mindestfreiheitsstrafe ab unter einem Jahr oder Geldstrafe

- Verbrechen: Mindestfreiheitsstrafe ab einem Jahr, keine Geldstrafe

117. Wann spricht man von einem Versuch?

- Einen Versuch begeht, wer von der Planung einer Tat, unmittelbar zur Ausführung übergeht

118. **Ist der Versuch einer Straftat strafbar?**

- Bei Verbrechen immer

- Bei Vergehen nur, wenn es ausdrücklich im Gesetz bestimmt ist

119. **Was ist ein Diebstahl?**

- Diebstahl ist die Wegnahme einer fremden, beweglichen Sache in rechtswidriger Zueignungsabsicht, für sich oder einen Dritten

120. **Was sind die drei möglichen Merkmale eines besonders schweren Falles des Diebstahls?**

- Die Hilflosigkeit einer anderen Person, einen Unglücksfall oder eine gemeine Gefahr ausnutzen

- Gewerbsmäßig stehlen

- Diebstahl religiöser Gegenstände aus einer Kirche/Forschung/Medizin

121. **Was ist Diebstahl geringwertiger Güter?**

- Der Diebstahl von Sachen bis zu einem Wert von 50 EURO.

122. Was ist der Unterschied zwischen einem Diebstahl und einer Unterschlagung?

- Bei einem Diebstahl gibt es die widerrechtliche Wegnahme

- diese fehlt bei der Unterschlagung, da der „Täter" vorher rechtmäßig in den Besitz der Sache gelangt ist, diese aber widerrechtlich behält.

123. Wo ist der Unterschied zwischen einem Diebstahl und einem Raub?

- Zusätzlich zur widerrechtlichen Wegnahme des Diebstahls, erfolgt dies hier unter Verwendung einer Androhung einer gegenwärtigen Gefahr für Leib und Leben, bzw. der Anwendung von Gewalt.

124. Was unterscheidet den Raub vom räuberischen Diebstahl?

- Beim Raub haben wir die Bedrohung, um eine Sache zu bekommen.

- Beim Räuberischen Diebstahl, findet zuerst ein erfolgreicher Diebstahl statt und zur Sicherung der Beute, folgt dann eine Bedrohung, wenn man erwischt wird.

125. **Was ist der rechtfertigende Notstand?**

- Verletzung eines Rechtsgutes, um ein höherwertiges zu schützen

- Alle Rechtsgüter sind geschützt

- Für jeden einsetzbar

126. **Was ist der entschuldigende Notstand?**

- Rettung eigenen Lebens, auf kosten fremden Lebens

- Leben, Leib, Freiheit sind geschützt

- Für mich und enge Angehörige

127. **Was sind die Arten des Hausfriedensbruchs?**

- Trotz Aufforderung sich nicht vom Hausrechtsbereich zu entfernen

- Ohne Anwesenheit des Besitzers / Eigentümers in einen Hausrechtsbereich eindringen

- In öffentliche Behörden, Ämter und Objekte, die dem öffentlichen Verkehr dienen, eindringen

Unfallverhütungsvorschriften

128. Welche Unfallverhütungsvorschriften (nicht einzelne Paragraphen, sondern Bücher), sind für das Sicherheitsgewerbe wichtig?

- DGUV 1 – Allgemeine branchenübergreifende Grundsätze

- DGUV 23 – Das Wach- und Sicherheitsgewerbe

- ASR A1.3 – Sicherheitskennzeichnungen, Beschilderungen

129. Welche Konsequenzen kann es haben, wenn man gegen die geltenden UVV verstößt?

- Ein Verstoß gegen die UVV kann mitunter eine Ordnungswidrigkeit darstellen und mit einer Geldbuße bis max. 10.000,- EURO geahndet werden

130. Welche Rollen spielen die Berufsgenossenschaften?

- Die Berufsgenossenschaften sind die Unfallversicherer, die z.B. bei Arbeitsunfällen einspringen

131. Welche Berufsgenossenschaft ist für das Bewachungsgewerbe zuständig?

- Die Verwaltungsberufsgenossenschaft *(VBG)*

132. Dürfen Gas-, Schreckschusswaffen im Dienst geführt werden?

- Absolut nicht, da sie ein falsches Sicherheitsbedürfnis vermitteln

133. Was müssen Brillenträger im Dienst beachten?

- Die Brille ist vor Verlust zu schützen (Nackenband)

- oder es ist eine Ersatzbrille mitzuführen

- Kontaktlinsenträger müssen immer eine Ersatzbrille bereithalten

134. Was bedeutet das „Verbot berauschender Mittel"?

- Zum Dienstantritt muss Nüchternheit gegeben sein

- Während des Dienstes keinen Alkohol

- Einen angemessenen Zeitraum vor dem Dienstantritt, keinen Alkoholgenuss. Dies ist nicht zeitlich festgelegt, sondern hängt mit dem individuellen Alkoholabbau des Einzelnen zusammen

135. Was ist ein Arbeitsunfall?

- Arbeitsunfälle sind zeitlich begrenzte, von außen auf den Körper einwirkende Ereignisse, die zu einem Gesundheitsschaden oder zum Tod führen. *(Ab 3-tägigem Arbeitsausfall Meldepflicht bei der BG)*

136. Wann muss ein Arbeitsunfall in das Verbandbuch eingetragen werden?

- Ein Eintrag in das Verbandbuch ist unverzüglich zu erfolgen.

137. Wann haben Einweisungen und Unterweisungen von Mitarbeitern zu erfolgen?

- Die Einweisung hat grundsätzlich vor Aufnahme der Tätigkeit zu erfolgen und zu den Zeiten wo der Dienst versehen wird

- Bei Nachtdiensten muss der Mitarbeiter auch bei Tageslicht eingeführt werden

138. Dürfen ungeprüfte Hunde im Wach- und Sicherheitsgewerbe eingesetzt werden?

- Grundsätzlich nein, jedoch dürfen sie ausschließlich zu „Meldezwecken" eingesetzt werden

139. Wie dürfen Hunde in einem Fahrzeug transportiert werden?

- Getrennt von dem Fahrer

- Gemeinsam mit anderen Hunden, sofern diese sich vertragen

- Einzeltransport muss möglich sein

Umgang mit Verteidigungswaffen

140. Welche Erlaubnisse gibt es im Waffengesetz?

- Waffenbesitzkarte *(WBK)*
- Waffenschein
- Kleiner Waffenschein
- Munitionserwerbsschein

141. Wie ist eine Waffe zu transportieren?

- Nicht zugriffsbereit *(nicht mit wenigen Handgriffen in Anschlag gebracht werden können)*
- Nicht schussbereit *(keine Patrone in der Waffe)*

142. Was bedeutet Überlassen im Sinne des WaffG?

- Die tatsächliche Gewalt über Waffe oder Munition einem anderen einräumen

143. Was sind die Voraussetzungen für die Beantragung der WBK?

- Mindestens 18 Jahre
- (Waffen-) Sachkunde
- Zuverlässig *(sauberes Führungszeugnis)*
- Persönlich geeignet *(körperlich und geistig)*
- Bedürfnis

144. Was sind die Voraussetzungen für die Beantragung eines Waffenscheins?

- Alle Voraussetzungen für die WBK

- Strengere Bedürfnisprüfung

- Haftpflichtversicherung mit der Deckungssumme von mindestens 1 Millionen Euro

145. Wer führt eine Schusswaffe?

- Wer die tatsächliche Gewalt darüber außerhalb

  ◦ Seiner Wohnung

  ◦ Seiner Geschäftsräume

  ◦ Seines befriedeten Besitztums

ausübt

146. Wie müssen Schusswaffen und Munition aufbewahrt werden?

- Schusswaffen und Munition getrennt

147. Wie lange ist ein Waffenschein gültig?

- Maximal 3 Jahre

148. Wie oft kann man ihn verlängern?

- 2 mal (maximal je 3 Jahre)

149. Wann kann die waffenrechtliche Erlaubnis entzogen werden?

- Wenn kein Bedürfnis mehr besteht

- Wenn man die Zuverlässigkeit verliert

- Wenn die persönliche Eignung nicht mehr gegeben ist

150. Sie haben eine erlaubnispflichtige Schusswaffe erworben. Innerhalb welcher Zeit müssen Sie es der zuständigen Behörde melden?

- 14 Tage

151. Was ist eine Schusswaffe im Sinne des WaffG?

- Schusswaffen sind Gegenstände, die

  - Zum Angriff

  - Zur Verteidigung

  - Zur Signalgebung

  - Zur Jagd

  - Zur Distanzinjektion

  - Zur Markierung

  - Zum Sport

  - Oder zum Spiel

- bestimmt sind und bei denen Geschosse (mit gespeicherter Energie) durch einen Lauf getrieben werden

152. **Nennen Sie mir 5 Verbotene Waffen**

- Butterflymesser

- Nunchakus

- Faustmesser

- Kriegswaffen- und Munition

- Schlagring

- Totschläger

- Stahlrute

- Springmesser

- Fallmesser

- Molotow-Cocktail

- Wurfsterne

- Vorrichtungen zum Anleuchten/Anvisieren des Ziels (Laser)

- *Auszug aus Anhang B des Waffengesetzes*

153. **Verbotene Waffen dürfen weder...?**

- Erworben

- Überlassen

- Hergestellt

- Wiederhergestellt

werden

154. Was sind Feuerwaffen?

- Feuerwaffen sind Schusswaffen, bei denen mittels heißer Gase ein Geschoss durch ein Lauf getrieben wird.

155. Was sind Schusswaffen mit kalten Gasen?

- Schusswaffen, bei denen mittels kalter Gase ein Geschoss durch ein Lauf getrieben wird, sind Luft- bzw. Federdruckwaffen.

156. Wo darf Munition auch ohne Genehmigung legal erworben werden?

- Auf einer Schießstätte zum sofortigen Verbrauch (unter Aufsicht)

Umgang mit Menschen

157. Was ist das Eisbergmodell?

- 20% Sachebene
- 80% Beziehungsebene

158. Was sind die Kommunikationsebenen?

- Sachebene
- Beziehungsebene

159. Was ist das 4-Ohren-Modell?

- Sachebene
- Beziehungsebene
- Appellebene
- Selbstoffenbarungsebene

160. Was ist Panik?

- Ein Ereignis als Auslöser
- Eine tatsächliche oder vermeintliche Bedrohung für das eigene Leben
- Flucht scheint der einzige Ausweg

161.   Was ist der erste Eindruck?

- Das Gesamtbild eines Menschen, das sich innerhalb von 10-30 Sekunden bildet

162.   Was ist der Hof-Effekt?

- Das Zusprechen von positiven und negativen Eigenschaften aufgrund von Kleidung bzw. des Erscheinungsbildes.
- Postive Eigenschaften = Halo-Effekt
- Negative Eigenschaften = Teufelshörner-Effekt

163.   Was sind die Panik-Reaktionen?

- Paniksturm *(losrennen)*
- Panikstarre *(stehenbleiben)*
- Panikschrei

164.   Was sind die Merkmale einer Gruppe?

- Mindestens 2 Personen
- Wirken räumlich und zeitlich zusammen *(treffen sich an einem Ort zu einer bestimmten Zeit)*
- Haben in der Regel einen Anführer
- Verfolgen gemeinsame Ziele
- Haben oft eine Rangordnung

165. Was ist der Unterschied zwischen einer Menschenmenge und einer Menschenmasse?

- Die Menschenmasse ist die Menschenmenge in Bewegung

- Merksatz: Menge steht, Masse geht

166. Was ist die Maslow-Pyramide?

- Die Maslow-Pyramide ist eine Darstellung der Bedürfnisse, die aufeinander aufbauen. Man erreicht die nächsthöhere Stufe, wenn die darunterliegende zu einem gewissen Grad erfüllt wurde

167. Wie viele Stufen hat die Maslow-Pyramide?

- 5

168. Was sind die Stufen der Maslow-Pyramide?

- Grundbedürfnisse *(Existenzsicherung)*

- Sicherheitsbedürfnisse *(Wohnstätte...)*

- Sozialbedürfnisse *(Freunde, Familie)*

- Anerkennung *(Wertschätzung)*

- Selbstverwirklichung *(künstlerisch, beruflich...)*

169. Was sind die 4 Kommunikationarten?

- Verbale Kommunikation = Sprachliches Verhalten *(WAS ich sage)*

- Nonverbale Kommunikation = Körpersprache *(Gestik und Mimik)*

- Paraverbale Kommunikation = Sprachbegleitendes Verhalten *WIE ich etwas sage)*

- Extraverbale Kommunikation = Auftreten und Erscheinungsbild

170. Wie verhält man sich gegenüber älteren Personen?

- Ruhig und respektvoll

- Auf die Uniform / Funktion hinweisen

- Verständnis zeigen

- Hilfsbereit

- Geduldig

- Lauter sprechen

171. Womit sollte man bei älteren Menschen rechnen?

- Potenziell schlechtere Fähigkeit zuzuhören

- Potenziell langsamere Bewegungen und Reaktionen

- Respekt vor Uniformen

172. Was könnte auf einen alkoholisierten Menschen hindeuten?

- Torkeln

- Unklare Aussprache

- Verständnisschwierigkeiten

- Unkoordinierte Gestik und Mimik

- Atem mit Alkoholgeruch („Fahne")

Grundlagen der Sicherheitstechnik

173. Was sind die Brandklassen?

- A = feste Stoffe
- B = flüssige Stoffe
- C = gasförmige Soffe
- D = Metallbrände
- F = Speise-Öle/-Fette

174. Was sind die Primärlöschmittel?

- A = Wasser
- B = Kohlenstoffdioxid
- C = B/C- Pulver
- D = D-Pulver oder Graugussspäne
- F = Speziallöschmittel zur Verseifung

175. Was ist das Branddreieck?

- CO_2 (Sauerstoff)
- Brennmaterial
- Zündquelle (Feuer, Funke, Hitze)

176. Womit können Feuerlöscher befüllt werden?

- CO_2
- Schaum
- Pulver

177. **Wie lange kann man mit einem Feuerlöscher löschen?**

- Es gilt die Faustregel: Pro Kilogramm Löschmittel, 1,5 Sekunden (6 KG Löscher = 9 Sekunden)

178. **Wie werden Kommunikationsmittel unterteilt?**

- Drahtlose *(Handy, Funkgerät)*
- Schnurgebundene *(Telefon, Fax)*

179. **Was sind die 3 Säulen der Sicherheit?**

- Mechanische Maßnahmen
- Elektronische Maßnahmen
- Organisatorische Maßnahmen

180. **Welche Anforderungen werden an einen Sicherheitszaun gestellt?**

- Mindesthöhe 2,50m
- Unterkriechschutz 30cm
- Untergrabschutz 80cm
- Übersteigschutz im Winkel von 45°
- Lückenlos
- Geradlinig
- Stabile Bauweise
- Durchreichschutz

181. **Was ist ein Sensor?**

- Ein Sensor misst physikalische Größen

182. Was sind Bedienungsfehler bei einem Funkgerät?

- Falscher Kanal eingestellt
- Ton zu leise eingestellt
- Beim Sprechen den Knopf nicht gedrückt halten

183. Wie kann man Maßnahmen zur Sicherung einer Gefahrenstelle unterteilen?

- Dauerhafte
- Vorübergehende

184. Welche Sicherheitsverglasungen gibt es?

- Durchwurfhemmende Verglasung
- Durchbruchhemmende Verglasung
- Durchschusshemmende Verglasung
- Sprenwirkungshemmende Verglasung

185. Wodurch werden Sicherheitsfenster in er Herstellung sicherer gemacht?

- Verbundbauweise

186. Wie kann man ein Sicherheitsfenster noch sicherer machen?

- Abschliessbare Fenstergriffe
- Verstärkte Scharniere

187. Was ist der Widerstandszeitwert?

- Die Zeit die ein Fachmann (oder eben auch Täter) benötigt, unter Verwendung modernster Hilfsmittel mit Ausnahme von Sprengstoff, um ein Sicherheitshindernis zu überwinden

188. Was ist der Widerstandswert?

- Ist der Gütefaktor und ergibt sich aus dem Material der Sicherheitseinrichtung

189. Was ist ein Zutrittskontrollsystem?

- Ein System zur Erkennung der Zutrittsberechtigung
- Eine einfache Form ist der mechanische Schlüssel
- Weitere Formen sind elektronische sowie biometrische Varianten

190. Welche Schlossarten kennen Sie?

- Buntbartschloss
- Zuhaltungsschloss
- Schließzylinder
- Besatzungsschloss

191. Welche Schließanlagen gibt es?

- Hauptschlüsselanlage
- Zentralschließanlage
- Generalhauptschlüsselanlage

192. Welche Schlossarten kennen Sie?

- Buntbartschloss
- Profilzylinderschloss
- Vorhängeschloß

193. Welche Gefahrenmeldeanlagen kennen Sie?

- GMA = Gefahrenmeldeanlage
- EMA = Einbruchmeldeanlage
- ÜMA = Überfallmeldeanlage
- BMA = Brandmeldeanlage
- SMA = Störmeldeanlage

194. Welche Anforderungen werden an Gefahrenmeldeanlagen gestellt?

- Sie müssen
  - ausfallfrei arbeiten,
  - mindestens 72 Stunden mit Notstrom versorgt werden bei Netzausfall,
  - Störungen entsprechend melden und
  - die Übertragungswege permanent überwachen

195. Was sind die wesentlichen Bestandteile einer GMA?

- Meldezentrale
- Meldelinien
- Melder
- Scharfschalteinrichtung *(nur bei EMA)*
- eine Netzunabhängige *(Zusatz-)* Stromversorgung

- Signalgeber sowie Zusatzgeräte *(z.B. Protokolldrucker)*

196. Was ist der Zweck einer Brandmeldeanlage (BMA)?

- Sensierung (Erkennung) von Bränden
- Durch die Auswertung welche Sensoren angeschlagen haben, auch eine exaktere Bestimmung des Ortes, der brennt
- Alarmierung der anwesenden Personen
- Alarmierung von hilfeleistenden Stellen
- Freigabe eines Schlüsseldepots
- Auslösung von Brandschutztüren und ähnlicher Vorrichtungen (Brandschutzabschlüße)
- Aktivierung von Löschanlagen

197. Welche Arten von Brandmeldern gibt es?

- Rauchmelder
- Flammenmelder
- Temperaturmelder

198. Welche Arten von Löschanlagen gibt es?

- Wasser-Löschanlagen
  - o Sprinkleranlage
  - o Sprühwasserlöschanlage
  - o Schaumlöschanlagen
- Gaslöschanlagen
  - o Kohlenstoffdioxid-Löschanlage (CO_2)
  - o Sämtliche Chemischen Löschanlagen

- Weitere Löschanlagen
    - Pulver-Löschanlagen
    - Explosionsschutzanlagen

199. **Welche Arten von Sprinkleranlagen gibt es?**
- Sprinkleranlage
- Sprühwasserlöschanlage

200. **Wie lösen diese Arten aus?**
- **Sprinkleranlage:** Ein Röhrchen mit einer auf Hitze reagierenden Flüssigkeit, wird bei einem starken Temperaturanstieg durch eine Ausdehnung der Flüssigkeit und dem Platzen des Röhrchens, den Weg für das Wasser frei geben.
- **Sprühwasserlöschanlage:** Arbeitet ohne das Röhrchen und wird direkt manuell bzw. automatisch ausgelöst. Die Verteilung erfolgt ähnlich eines Sprühregens, um große Flächen abzudecken und ist zum Beispiel auf Großbühnen vorgeschrieben.